AF216354

Impressum
Verlag: BABADADA GmbH, Nedderfeld 112 , 22529 Hamburg
Geschäftsführer / Verlagsleitung: Harald Hof
Druck: Books on Demand GmbH, In de Tarpen 42, 22848 Norderstedt

Imprint
Publisher: BABADADA GmbH, Nedderfeld 112 , 22529 Hamburg, Germany
Managing Director / Publishing direction: Harald Hof
Print: Books on Demand GmbH, In de Tarpen 42, 22848 Norderstedt

school

école

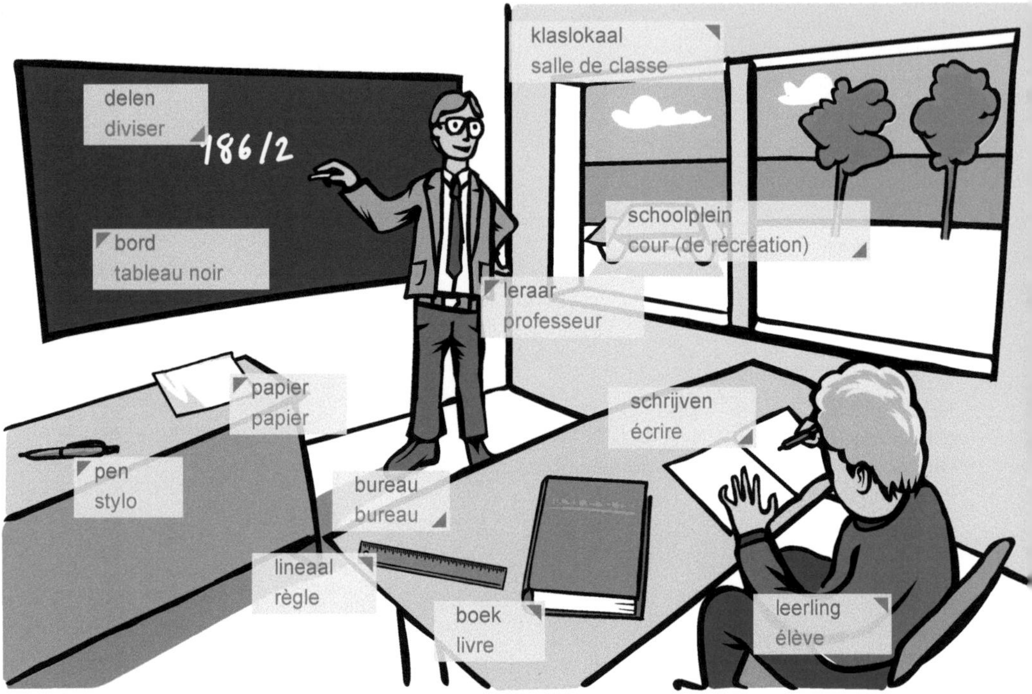
klaslokaal
salle de classe
delen
diviser
186/2
bord
tableau noir
schoolplein
cour (de récréation)
leraar
professeur
papier
papier
schrijven
écrire
pen
stylo
bureau
bureau
lineaal
règle
boek
livre
leerling
élève

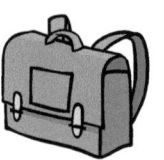

schooltas

cartable

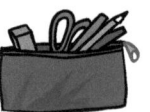

etui

trousse

potlood

crayon

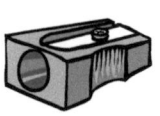

puntenslijper

taille-crayon

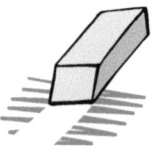

gum

gomme

schetsblok

carnet à dessin

tekening

dessin

penseel

pinceau

verfdoos

boîte de peinture

schaar

ciseaux

lijm

colle

schrift

cahier d'exercices

huiswerk

devoirs

getal

chiffre

optellen

additionner

aftrekken

soustraire

vermenigvuldigen

multiplier

rekenen

calculer

letter

lettre

alfabet

alphabet

woord

mot

tekst

texte

lezen

lire

krijt

craie

les

leçon

klassenboek

livre de classe

examen

examen

diploma

certificat

schooluniform

uniforme scolaire

opleiding

formation

encyclopedie

lexique

universiteit

université

microscoop

microscope

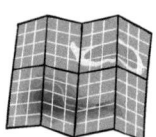

kaart

carte

prullenmand

corbeille à papier

school - école

reis

voyage

hotel
hôtel
Grand
hostel
auberge
ROOMS
wisselkantoor
bureau de change
EXCHANGE
koffer
valise
auto
voiture

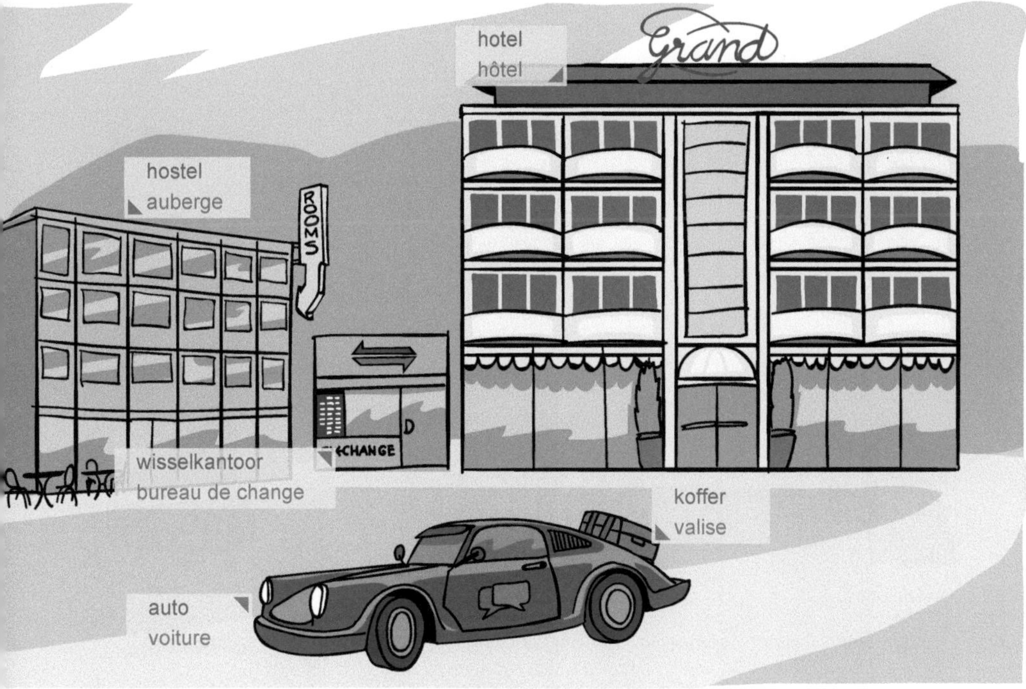

taal

langue

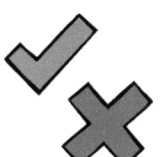

ja / nee

oui / non

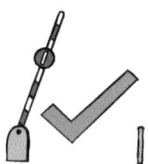

oké

d'accord

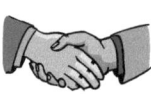

Hallo!

Salut

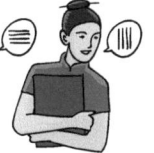

tolk

interprète

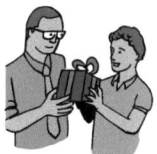

Bedankt.

merci

Wat kost ...?

Combien coûte...?

Ik begrijp het niet.

Je ne comprends pas

probleem

problème

Goedenavond!

Bonsoir !

Goedemorgen!

Bonjour !

Goedenacht!

Bonne nuit !

Tot ziens!

Au revoir

richting

direction

bagage

bagages

tas

sac

rugzak

sac-à-dos

gast

hôte

kamer

pièce

slaapzak

sac de couchage

tent

tente

VVV-kantoor

office de tourisme

strand

plage

creditkaart

carte de crédit

ontbijt

petit-déjeuner

lunch

déjeuner

diner

dîner

kaartje

billet

lift

ascenseur

postzegel

timbre

grens

frontière

douane

douane

ambassade

ambassade

visum

visa

paspoort

passeport

reis - voyage

transport
transport

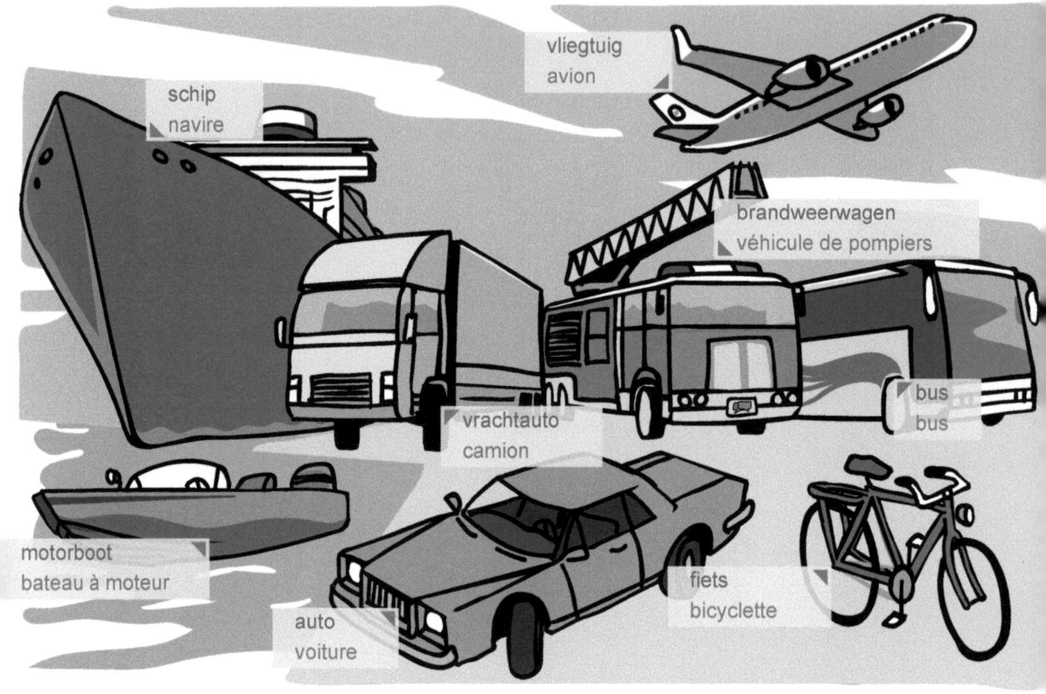
vliegtuig
avion
schip
navire
brandweerwagen
véhicule de pompiers
bus
bus
vrachtauto
camion
motorboot
bateau à moteur
fiets
bicyclette
auto
voiture

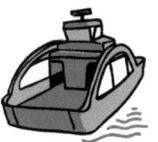

veerboot

ferry

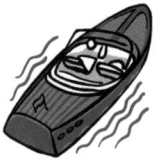

boot

barque

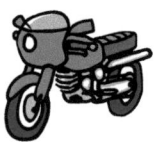

motorfiets

moto

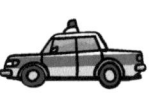

politiewagen

voiture de police

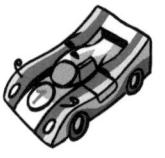

raceauto

voiture de course

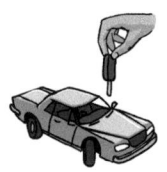

huurauto

voiture de location

carsharing

auto-partage

takelwagen

voiture de remorquage

vuilniswagen

benne à ordures

motor

moteur

benzine

essence

benzinepomp

station d'essence

verkeersbord

panneau indicateur

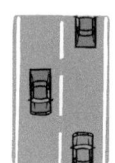

verkeer

trafic

file

embouteillage

parkeerplaats

parking

station

gare

rails

rails

trein

train

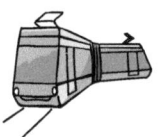

tram

tramway

wagon

wagon

helikopter
hélicoptère

luchthaven
aéroport

toren
tour

passagier
passager

container
conteneur

verhuisdoos
carton

kar
chariot

mand
corbeille

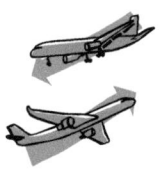

opstijgen / landen
décoller / atterrir

stad
ville

dorp
village

stadscentrum
centre-ville

huis
maison

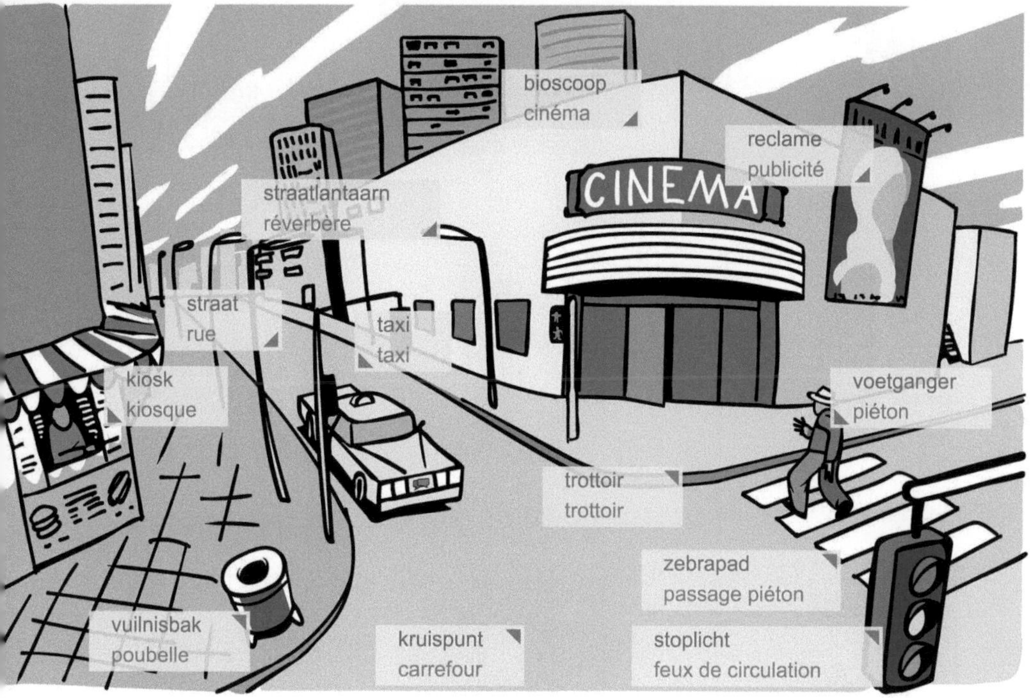

bioscoop
cinéma

reclame
publicité

straatlantaarn
réverbère

CINEMA

straat
rue

taxi
taxi

voetganger
piéton

kiosk
kiosque

trottoir
trottoir

zebrapad
passage piéton

vuilnisbak
poubelle

kruispunt
carrefour

stoplicht
feux de circulation

hut

cabane

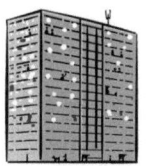

appartement

appartement

station

gare

stadhuis

mairie

museum

musée

school

école

stad - ville

universiteit

université

bank

banque

ziekenhuis

hôpital

hotel

hôtel

apotheek

pharmacie

kantoor

bureau

boekenwinkel

librairie

winkel

magasin

bloemenwinkel

fleuriste

supermarkt

supermarché

markt

marché

warenhuis

grand magasin

visboer

poissonnerie

winkelcentrum

centre commercial

haven

port

stad - ville

park
parc

bank
banque

brug
pont

trap
escaliers

metro
métro

tunnel
tunnel

bushalte
arrêt de bus

bar
bar

restaurant
restaurant

brievenbus
boîte à lettres

straatnaambord
panneau indicateur

parkeermeter
parcmètre

dierentuin
zoo

zwembad
piscine

moskee
mosquée

boerderij

ferme

vervuiling

pollution

begraafplaats

cimetière

kerk

église

speelplaats

aire de jeux

tempel

temple

landschap

paysage

blad
feuille

wegwijzer
panneau indicateur

weg
chemin

weide
pré

steen
pierre

boom
arbre

wandelaar
randonneur

rivier
rivière

gras
herbe

bloem
fleur

vallei

vallée

berg

montagne

meer

lac

bos

forêt

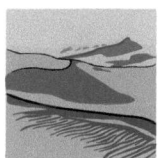

woestijn

désert

vulkaan

volcan

kasteel

château

regenboog

arc-en-ciel

paddenstoel

champignon

palmboom

palmier

mug

moustique

vlieg

mouche

mier

fourmis

bij

abeille

spin

araignée

landschap - paysage

15

kever

coléoptère

kikker

grenouille

eekhoorn

écureuil

egel

hérisson

haas

lièvre

uil

chouette

vogel

oiseau

zwaan

cygne

wild zwijn

sanglier

hert

cerf

eland

élan

stuwdam

barrage

windmolen

éolienne

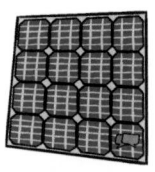

zonnepaneel

panneau solaire

klimaat

climat

restaurant
restaurant

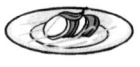

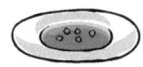

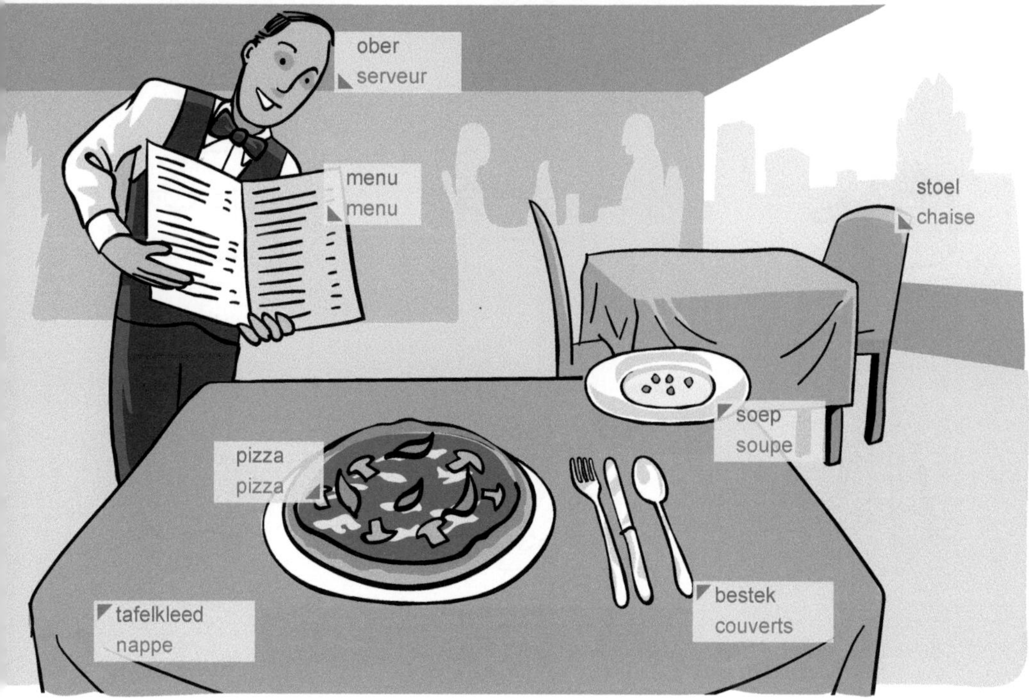
ober
serveur
menu
menu
stoel
chaise
soep
soupe
pizza
pizza
tafelkleed
nappe
bestek
couverts

voorgerecht

hors d'œuvre

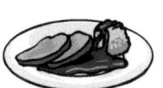

hoofdgerecht

plat principal

toetje

dessert

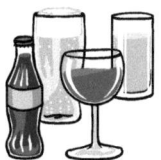

dranken

boissons

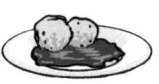

eten

alimentation

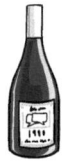

fles

bouteille

fastfood
....
fast-food

eetkraampje
....
plats à emporter

theepot
....
théière

suikerpot
....
sucrier

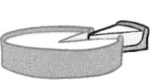

portie
....
portion

espressomachine
....
machine à expresso

kinderstoel
....
chaise haute

rekening
....
facture

dienblad
....
plateau

mes
....
couteau

vork
....
fourchette

lepel
....
cuillère

theelepel
....
cuillère à thé

servet
....
serviette

glas
....
verre

bord

assiette

soepbord

assiette à soupe

schotel

soucoupe

saus

sauce

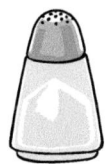

zoutvaatje

salière

pepermolen

moulin à poivre

azijn

vinaigre

olie

huile

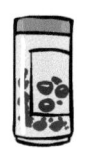

kruiden

épices

ketchup

ketchup

mosterd

moutarde

mayonaise

mayonnaise

supermarkt
supermarché

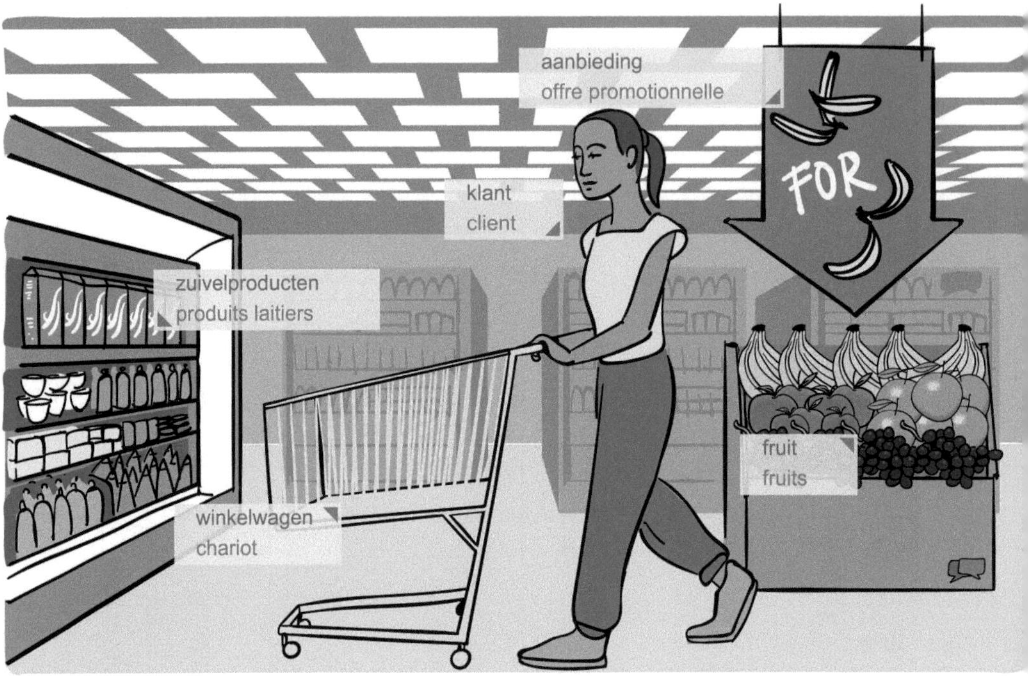

aanbieding
offre promotionnelle

klant
client

zuivelproducten
produits laitiers

fruit
fruits

winkelwagen
chariot

slager
boucherie

bakkerij
boulangerie

wegen
peser

groente
légumes

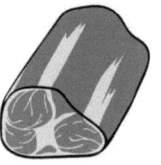

vlees
viande

diepvriesproducten
aliments surgelés

vleeswaren

charcuterie

conserven

conserves

wasmiddel

poudre à lessive

snoepgoed

bonbons

huishoudelijke artikelen

articles ménagers

schoonmaakmiddel

détergents

verkoopster

vendeuse

kassa

caisse

kassier

caissier

boodschappenlijstje

liste d'achats

openingstijden

heures d'ouverture

portefeuille

portefeuille

creditkaart

carte de crédit

tas

sac

plastic zak

sac en plastique

water

eau

sap

jus de fruit

melk

lait

cola

coca

wijn

vin

bier

bière

alcohol

alcool

chocolademelk

chocolat chaud

thee

thé

koffie

café

espresso

expresso

cappuccino

cappuccino

banaan

banane

appel

pomme

sinaasappel

orange

watermeloen

melon

citroen

citron

wortel

carotte

knoflook

ail

bamboe

bambou

ui

oignon

paddenstoel

champignon

noten

noisettes

pasta

pâtes

spaghetti

spaghetti

rijst

riz

salade

salade

friet

pommes frites

gebakken aardappelen

pommes de terre rôties

pizza

pizza

hamburger

hamburger

sandwich

sandwich

schnitzel

escalope

ham

jambon

salami

salami

worst

saucisse

kip

poulet

gebraad

rôti

vis

poisson

havermout

flocons d'avoine

muesli

muesli

cornflakes

cornflakes

meel

farine

croissant

croissant

broodjes

petits-pains

brood

pain

toast

pain grillé

koekjes

biscuits

boter

beurre

kwark

le fromage blanc

taart

gâteau

ei

œuf

gebakken ei

œuf au plat

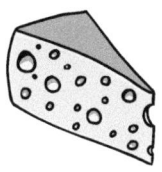

kaas

fromage

ijs

glace

suiker

sucre

honing

miel

jam

confiture

chocoladepasta

crème nougat

kerrie

curry

boerderij
ferme

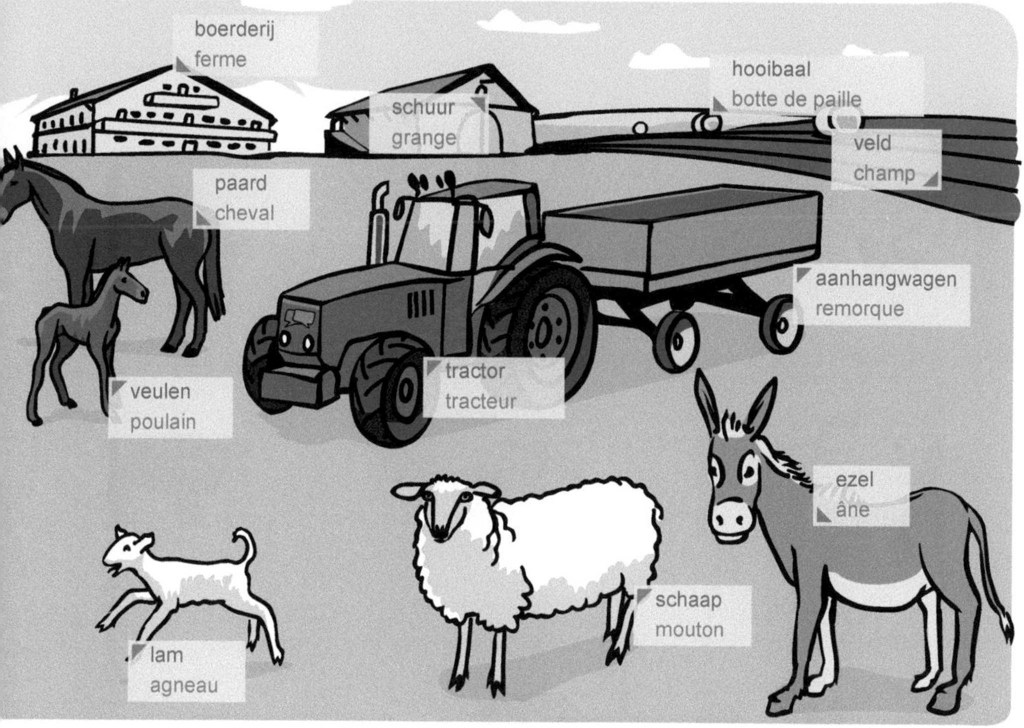

boerderij
ferme
schuur
grange
hooibaal
botte de paille
veld
champ
paard
cheval
aanhangwagen
remorque
veulen
poulain
tractor
tracteur
ezel
âne
schaap
mouton
lam
agneau

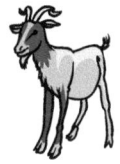

geit

chèvre

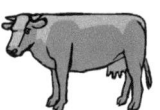

koe

vache

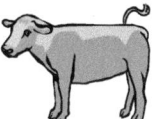

kalf

veau

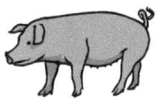

varken

porc

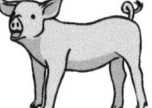

big

porcelet

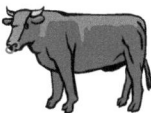

stier

taureau

gans
oie

eend
canard

kuiken
poussin

kip
poule

haan
coq

rat
rat

kat
chat

muis
souris

os
bœuf

hond
chien

hondenhok
chenil

tuinslang
tuyau de jardin

gieter
arrosoir

zeis
faucheuse

ploeg
charrue

sikkel
faucille

schoffel
pioche

hooivork
fourche

bijl
hache

kruiwagen
brouette

trog
cuve

melkbus
pot à lait

zak
sac

hek
clôture

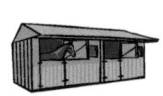

stal
étable

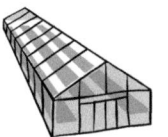

broeikas
serre

grond
sol

zaad
semences

mest
engrais

maaidorser
moissonneuse-batteuse

oogsten

récolter

oogst

récolte

yam

igname

tarwe

blé

soja

soja

aardappel

pomme de terre

maïs

maïs

koolzaad

colza

fruitboom

arbre fruitier

maniok

manioc

granen

céréales

huis
maison

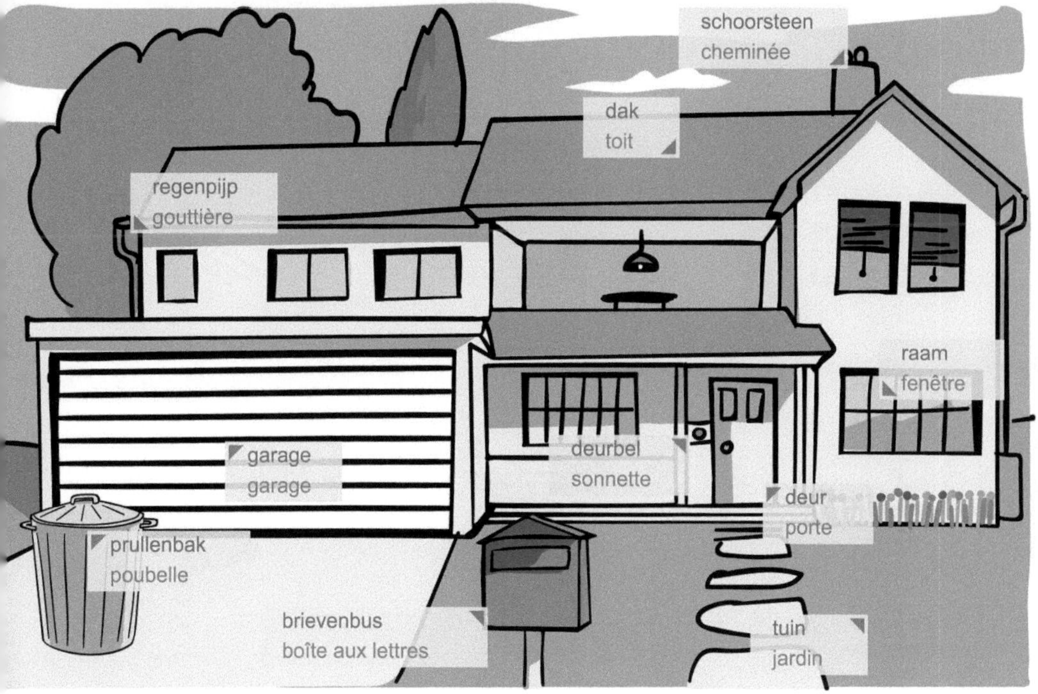
schoorsteen
cheminée
dak
toit
regenpijp
gouttière
raam
fenêtre
garage
garage
deurbel
sonnette
deur
porte
prullenbak
poubelle
brievenbus
boîte aux lettres
tuin
jardin

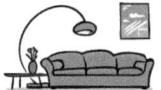

woonkamer
salon

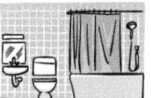

badkamer
salle de bain

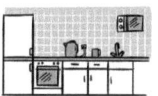

keuken
cuisine

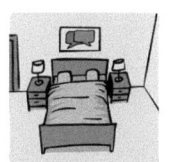

slaapkamer
chambre à coucher

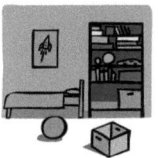

kinderkamer
chambre d'enfant

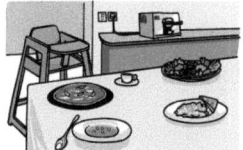

eetkamer
salle à manger

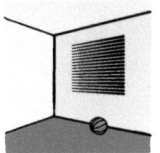

vloer

sol

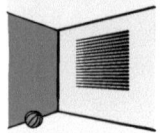

muur

mur

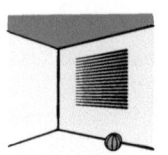

plafond

plafond

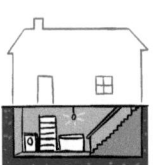

kelder

cave

sauna

sauna

balkon

balcon

terras

terrasse

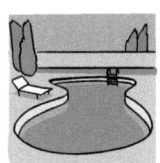

zwembad

piscine

grasmaaier

tondeuse à gazon

laken

housse

bedsprei

couette

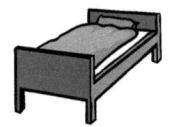

bed

lit

bezem

balai

emmer

sceau

schakelaar

interrupteur

woonkamer
salon

behang
papier peint
foto
image
lamp
lampe
plank
étagère
kast
armoire
televisie
télé
open haard
cheminée
bloem
fleur
kussen
coussin
bankstel
sofa
vaas
vase
afstandsbediening
télécommande

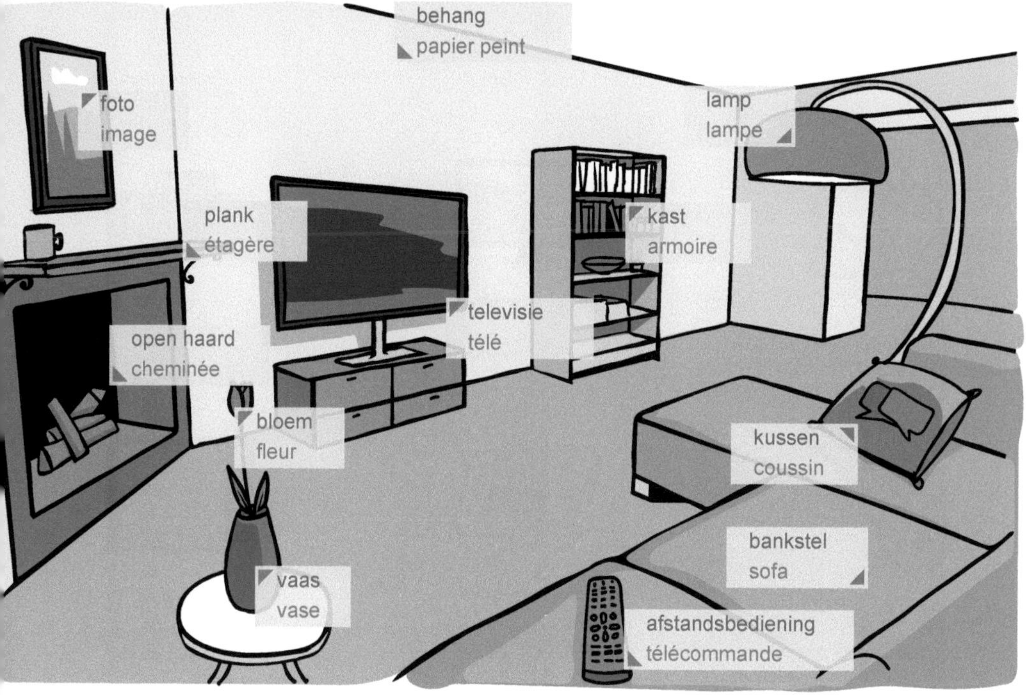

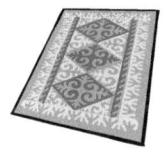

tapijt
tapis

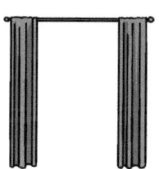

gordijn
rideau

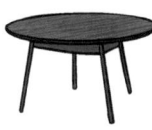

tafel
table

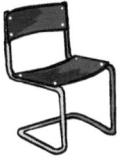

stoel
chaise

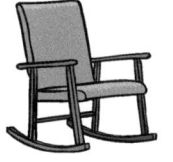

schommelstoel
chaise à bascule

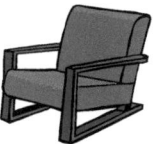

stoel
fauteuil

boek

livre

deken

couverture

decoratie

décoration

brandhout

bois de chauffage

film

film

stereo-installatie

chaîne hi-fi

sleutel

clé

krant

journal

schilderij

peinture

poster

poster

radio

radio

kladblok

bloc-notes

stofzuiger

aspirateur

cactus

cactus

kaars

bougie

keuken
cuisine

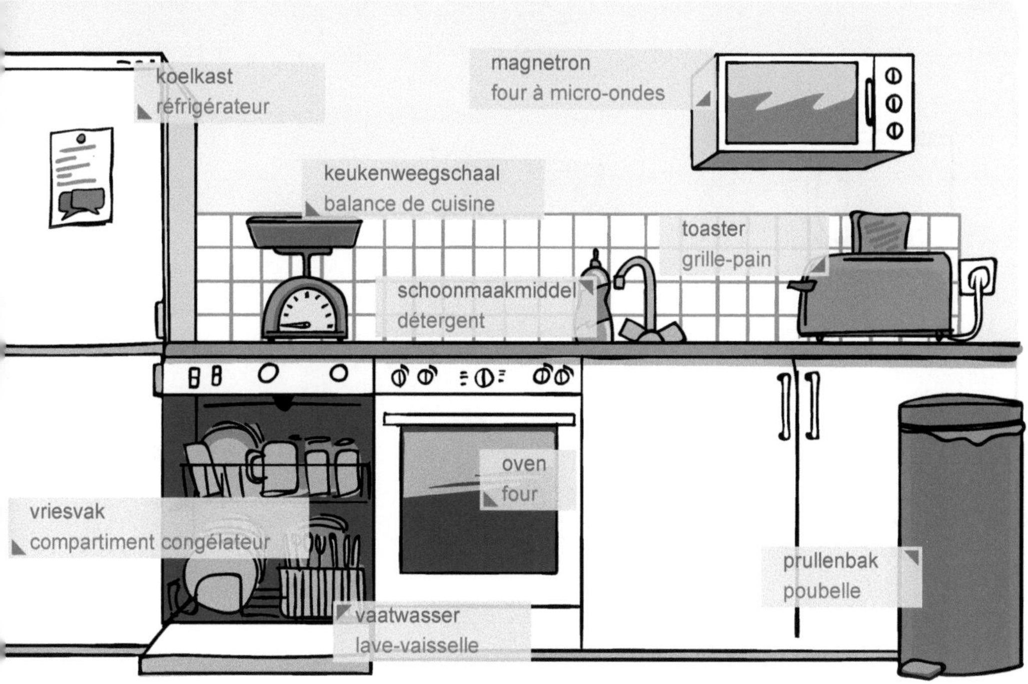
koelkast
réfrigérateur
magnetron
four à micro-ondes
keukenweegschaal
balance de cuisine
toaster
grille-pain
schoonmaakmiddel
détergent
oven
four
vriesvak
compartiment congélateur
prullenbak
poubelle
vaatwasser
lave-vaisselle

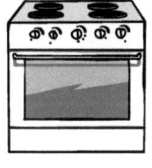

fornuis

four

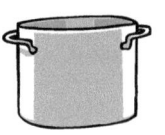

pan

casserole

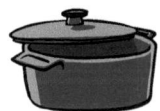

gietijzeren pan

marmite

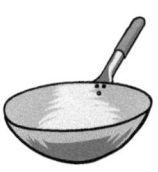

wok / kadai

wok / kadai

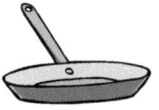

koekenpan

poêle

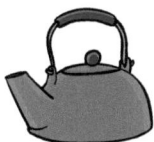

ketel

bouilloire electrique

stoomkoker

cuiseur vapeur

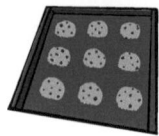

bakplaat

plaque de cuisson

servies

vaisselle

beker

gobelet

kom

coupe

eetstokjes

baguettes

soeplepel

louche

spatel

spatule

garde

fouet

vergiet

passoire

zeef

tamis

rasp

râpe

vijzel

mortier

barbecue

barbecue

vuurhaard

cheminée

snijplank

planche à découper

deegroller

rouleau à pâtisserie

kurkentrekker

tire-bouchon

blik

boîte

blikopener

ouvre-boîte

pannenlap

maniques

wasbak

lavabo

borstel

brosse

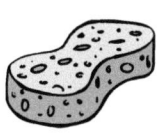

spons

éponge

blender

mixeur

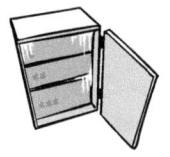

vriezer

congélateur

babyflesje

biberon

kraan

robinet

badkamer
salle de bain

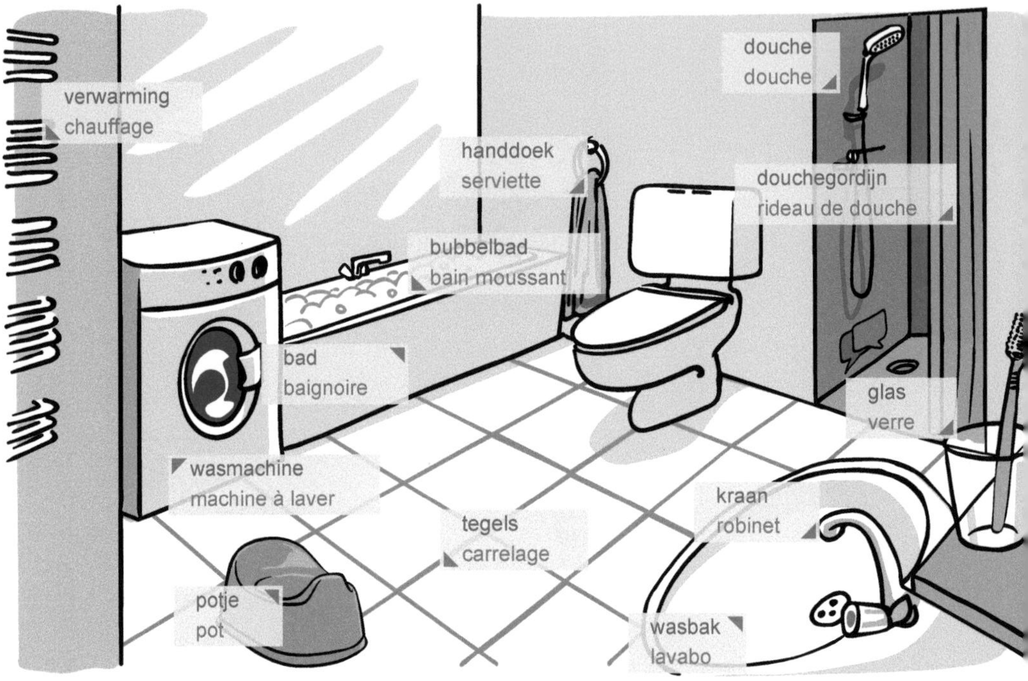

verwarming
chauffage

handdoek
serviette

douche
douche

douchegordijn
rideau de douche

bubbelbad
bain moussant

bad
baignoire

glas
verre

wasmachine
machine à laver

kraan
robinet

tegels
carrelage

potje
pot

wasbak
lavabo

toilet

toilettes

hurktoilet

toilette à la turque

bidet

bidet

urinoir

urinoir

toiletpapier

papier toilette

toiletborstel

brosse à toilette

tandenborstel

brosse à dents

tandpasta

dentifrice

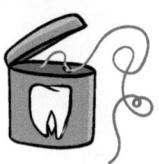

flosdraad

fil dentaire

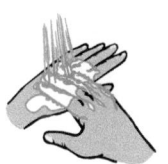

wassen

laver

handdouche

douche manuelle

toiletdouche

douche intime

waskom

vasque

rugborstel

brosse dorsale

zeep

savon

douchegel

gel douche

shampoo

shampooing

washanje

gant de toilette

afvoer

écoulement

creme

crème

deodorant

déodorant

spiegel
miroir

make-upspiegel
miroir cosmétique

scheermes
rasoir

scheerschuim
mousse à raser

aftershave
après-rasage

kam
peigne

borstel
brosse

haardroger
sèche-cheveux

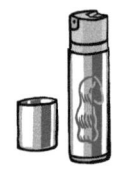

haarspray
laque pour cheveux

make-up
fond de teint

lippenstift
rouge à lèvres

nagellak
vernis à ongles

watten
ouate

nagelschaartje
coupe-ongles

parfum
parfum

toilettas

trousse de toilette

kruk

tabouret

weegschaal

pèse-personne

badjas

peignoir

rubber handschoenen

gants de nettoyage

tampon

tampon

maandverband

serviettes hygiéniques

chemisch toilet

toilette chimique

kinderkamer
chambre d'enfant

wekker
réveil
knuffeldier
doudou
speelgoedauto
voiture jouet
rammelaar
hochet
poppenhuis
maison de poupée
cadeau
cadeau

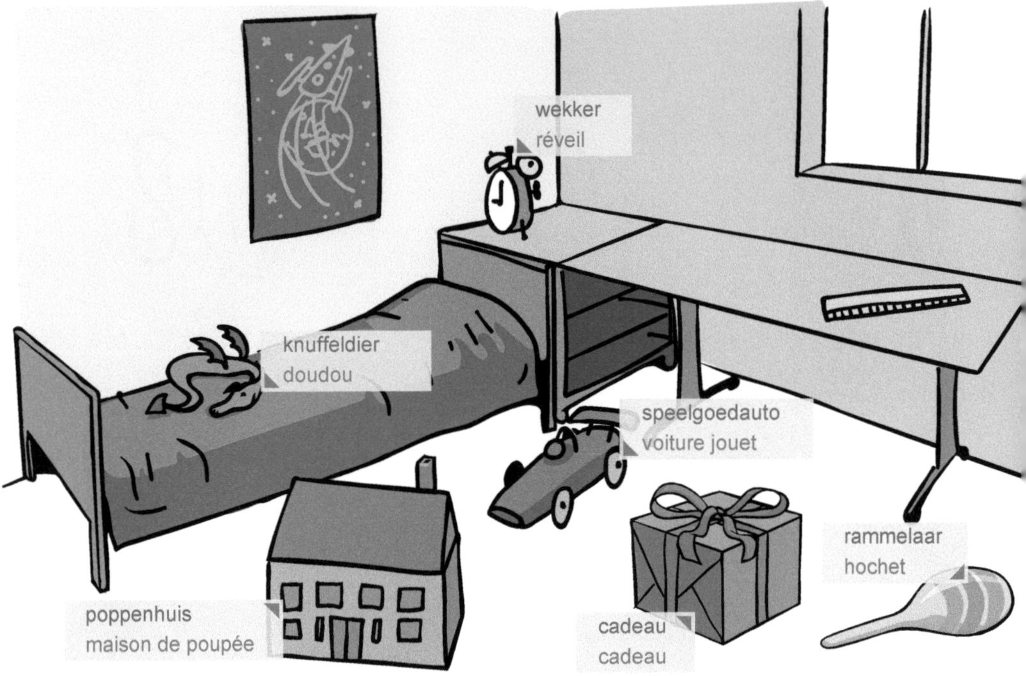

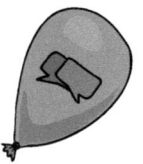

ballon

ballon

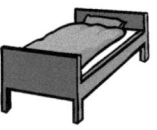

bed

lit

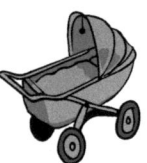

kinderwagen

poussette

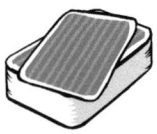

kaartspel

jeu de cartes

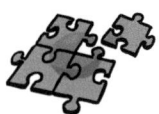

puzzel

puzzle

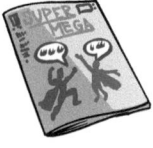

stripverhaal

bande dessinée

legostenen

pièces lego

speelgoedblokken

blocs de construction

actiefiguurtje

figurine

romper

grenouillère

frisbee

frisbee

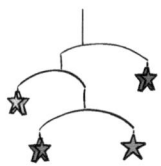

mobile

mobile

bordspel

jeu de société

dobbelsteen

dé

modeltrein

train miniature

speen

sucette

feestje

fête

prentenboek

livre d'images

bal

balle

pop

poupée

spelen

jouer

zandbak

bac à sable

schommel

balançoire

speelgoed

jouets

spelcomputer

console de jeu

driewieler

tricycle

teddybeer

ours en peluche

kleerkast

armoire

kleding

vêtements

sokken

chaussettes

kousen

bas

panty

collant

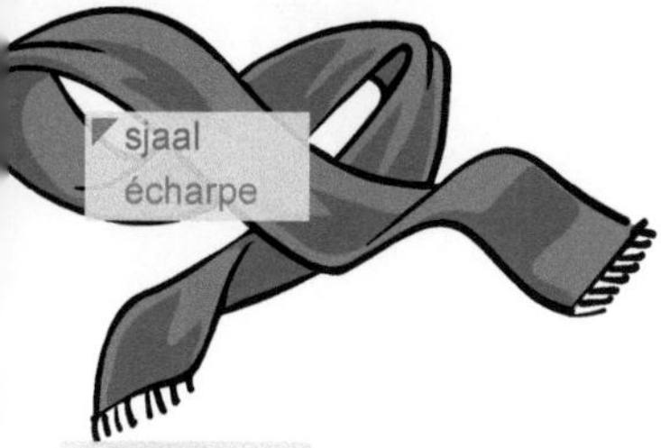

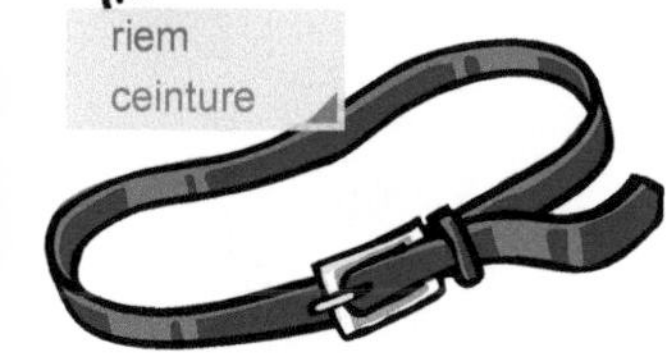

sjaal
écharpe

paraplu
parapluie

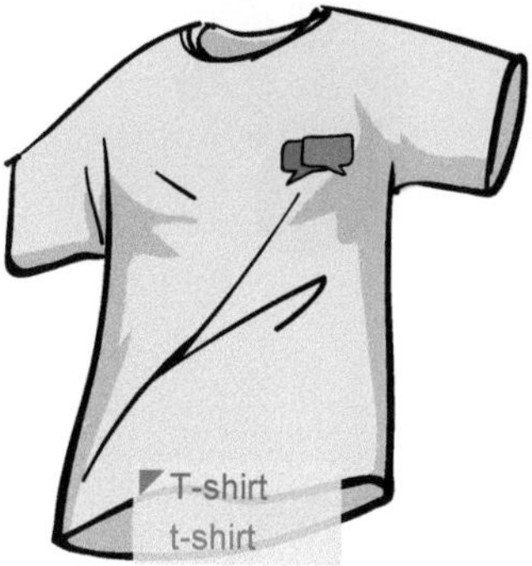

riem
ceinture

T-shirt
t-shirt

pantoffels
pantoufles

laarzen
bottes

sportschoenen
baskets

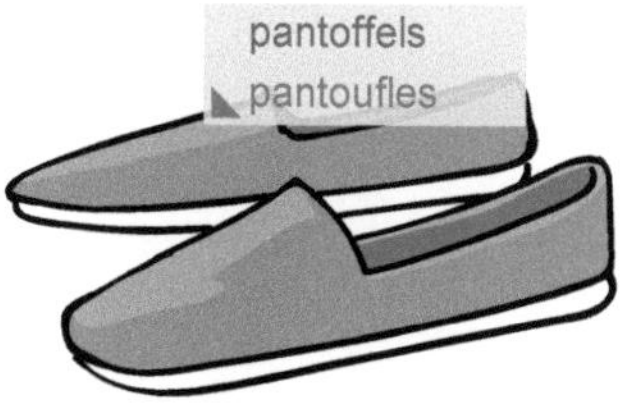

sandalen

sandales

schoenen

chaussures

rubberlaarzen

bottes de caoutchouc

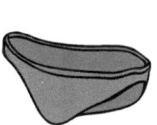

onderbroek

sous-vêtements

beha

soutien-gorge

onderhemd

maillot de corps

kleding - vêtements

body
body

broek
pantalon

spijkerbroek
jean

rok
jupe

blouse
chemisier

overhemd
chemise

trui
pull

hoody
sweat à capuche

blazer
veste

jas
veste

mantel
manteau

regenjas
imperméable

kostuum
costume

jurk
robe

trouwjurk
robe de mariée

pak
costume

nachthemd
chemise de nuit

pyjama
pyjama

sari
sari

hoofddoek
foulard

tulband
turban

boerka
burqa

kaftan
caftan

abaja
abaya

zwempak
maillot de bain

zwembroek
maillot de bain

korte broek
short

trainingspak
tenue d'entraînement

schort
tablier

handschoenen
gants

knoop

bouton

bril

lunettes

armband

bracelet

ketting

collier

ring

bague

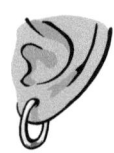

oorbel

boucle d'oreille

pet

bonnet

kledinghanger

cintre

hoed

chapeau

stropdas

cravate

rits

fermeture éclair

helm

casque

bretels

bretelles

schooluniform

uniforme scolaire

uniform

uniforme

slabbetje

bavoir

speen

sucette

luier

lange

kantoor
bureau

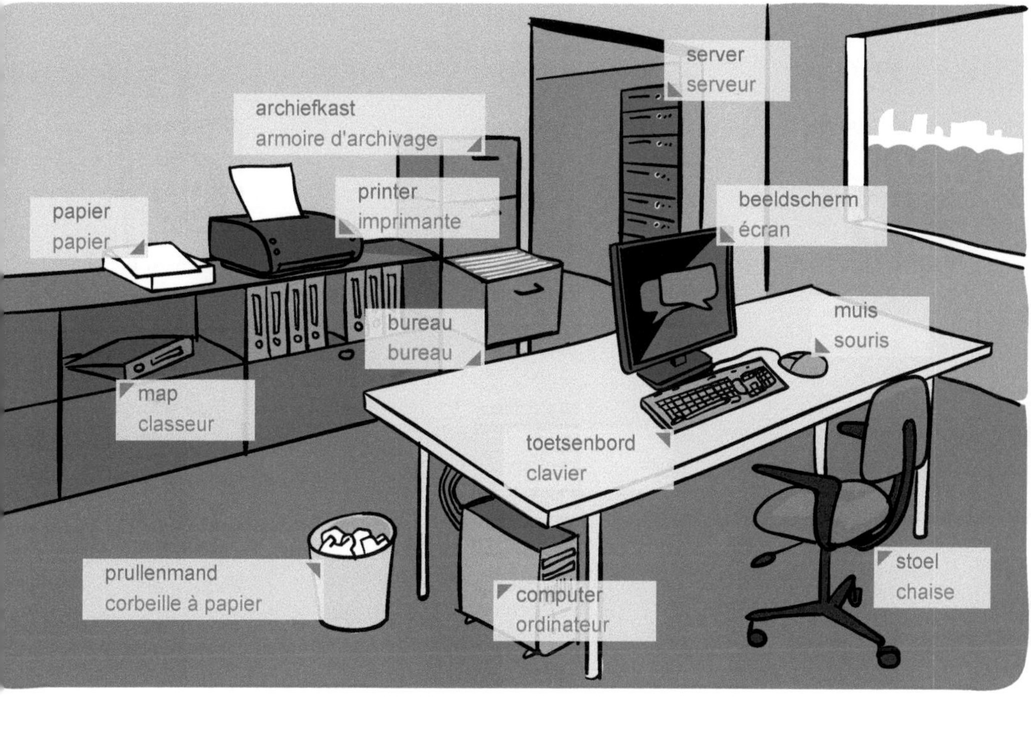

server
serveur

archiefkast
armoire d'archivage

printer
imprimante

beeldscherm
écran

papier
papier

bureau
bureau

muis
souris

map
classeur

toetsenbord
clavier

prullenmand
corbeille à papier

computer
ordinateur

stoel
chaise

koffiemok

tasse de café

rekenmachine

calculatrice

internet

internet

laptop
ordinateur portable

brief
lettre

bericht
message

mobiele telefoon
portable

netwerk
réseau

kopieermachine
photocopieuse

software
logiciel

telefoon
téléphone

stopcontact
prise

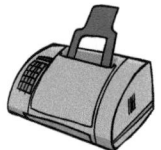

fax
fax

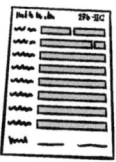

formulier
formulaire

document
document

kopen

acheter

betalen

payer

handel drijven

faire du commerce

geld

monnaie

 USD

dollar

dollar

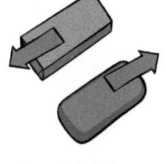 EUR

euro

euro

 JPY

yen

yen

 RUB

roebel

rouble

 CHF

Zwitserse frank

franc suisse

 CNY

renminbi yuan

renminbi yuan

 INR

roepie

roupie

geldautomaat

distributeur automatique

wisselkantoor

bureau de change

goud

or

zilver

argent

olie

pétrole

energie

énergie

prijs

prix

contract

contrat

belasting

taxe

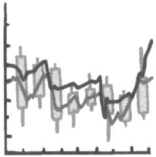

aandeel

action

werken

travailler

werknemer

employé

werkgever

employeur

fabriek

usine

winkel

magasin

beroepen
professions

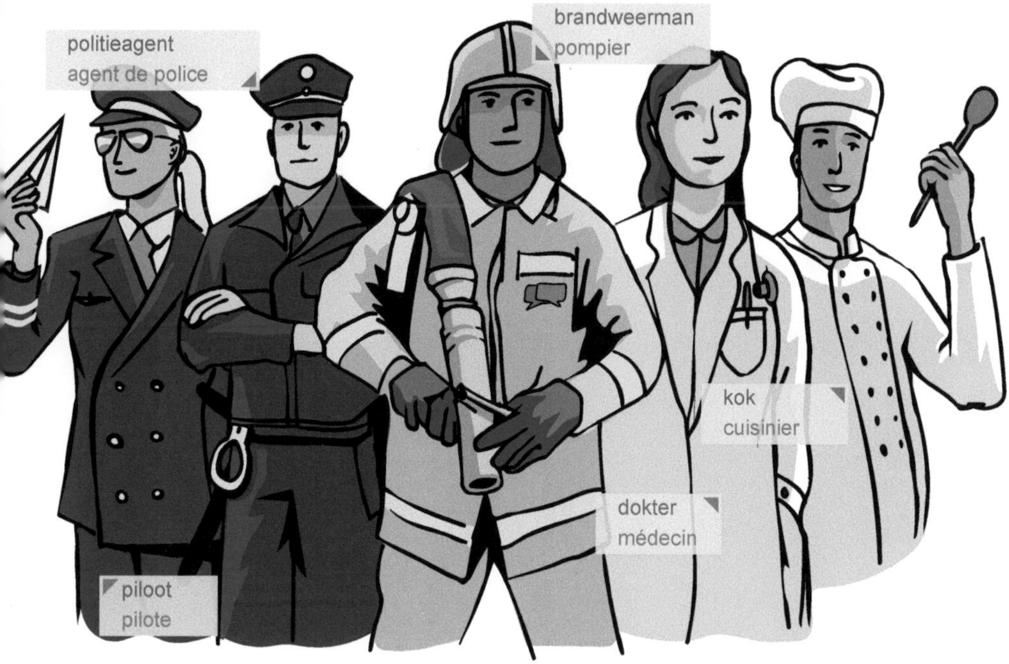
politieagent
agent de police
brandweerman
pompier
kok
cuisinier
dokter
médecin
piloot
pilote

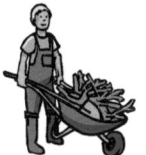

tuinman

jardinier

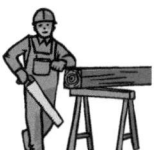

timmerman

menuisier

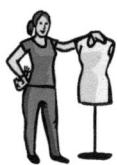

naaister

couturière

rechter

juge

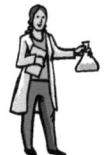

scheikundige

chimiste

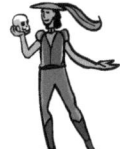

toneelspeler

acteur

buschauffeur

conducteur de bus

taxichauffeur

chauffeur de taxi

visser

pêcheur

schoonmaakster

femme de ménage

dakdekker

couvreur

ober

serveur

jager

chasseur

schilder

peintre

bakker

boulanger

elektricien

électricien

bouwvakker

ouvrier

ingenieur

ingénieur

slager

boucher

loodgieter

plombier

postbode

facteur

soldaat
....
soldat

architect
....
architecte

kassier
....
caissier

bloemist
....
fleuriste

kapper
....
coiffeur

conducteur
....
contrôleur

monteur
....
mécanicien

kapitein
....
capitaine

tandarts
....
dentiste

wetenschapper
....
scientifique

rabbi
....
rabbin

imam
....
imam

monnik
....
moine

pastoor
....
prêtre

gereedschap

outils

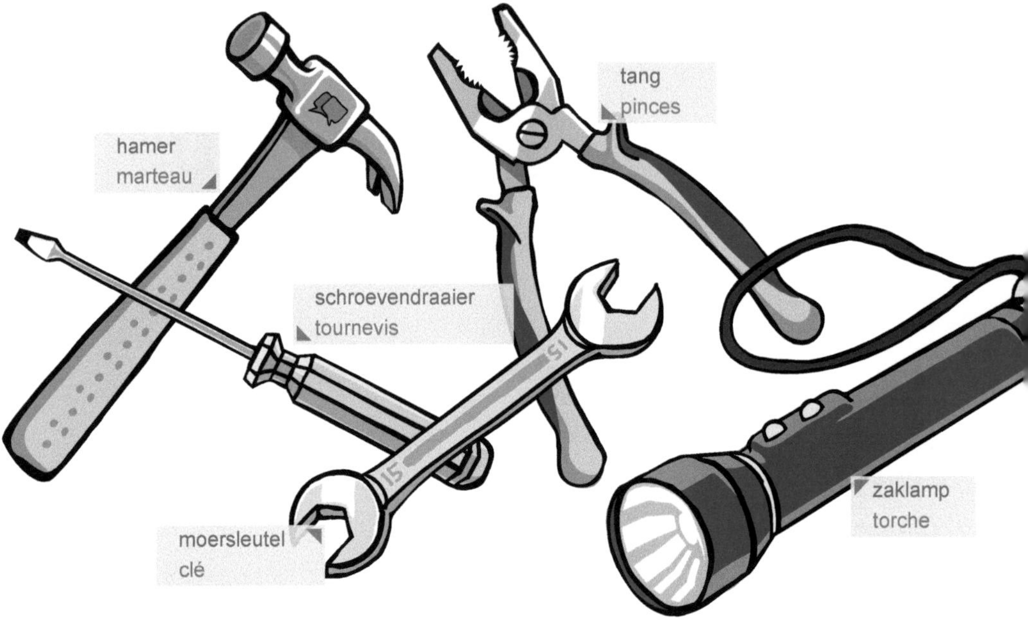

hamer
marteau

tang
pinces

schroevendraaier
tournevis

moersleutel
clé

zaklamp
torche

graafmachine

pelleteuse

gereedschapskist

boîte à outils

ladder

échelle

zaag

scie

spijkers

clous

boor

perceuse

repareren

réparer

schep

pelle

Verdorie!

Mince !

stofblik

pelle

verfpot

pot de peinture

schroeven

vis

muziekinstrumenten

instruments de musique

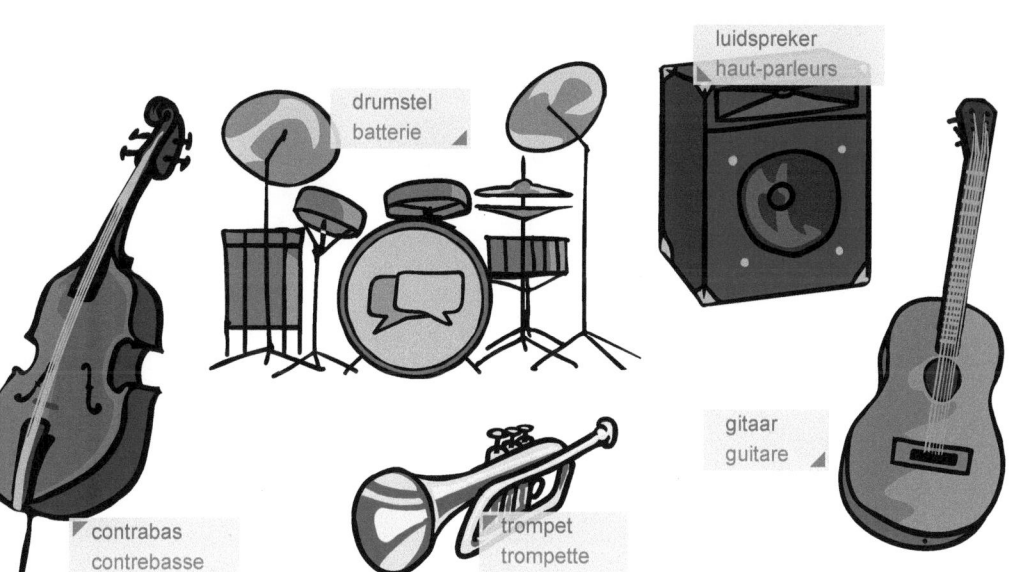

luidspreker
haut-parleurs

drumstel
batterie

gitaar
guitare

contrabas
contrebasse

trompet
trompette

piano
piano

viool
violon

bas
basse

pauk
timbales

trommel
tambour

keyboard
piano électrique

saxofoon
saxophone

fluit
flûte

microfoon
microphone

dierentuin

zoo

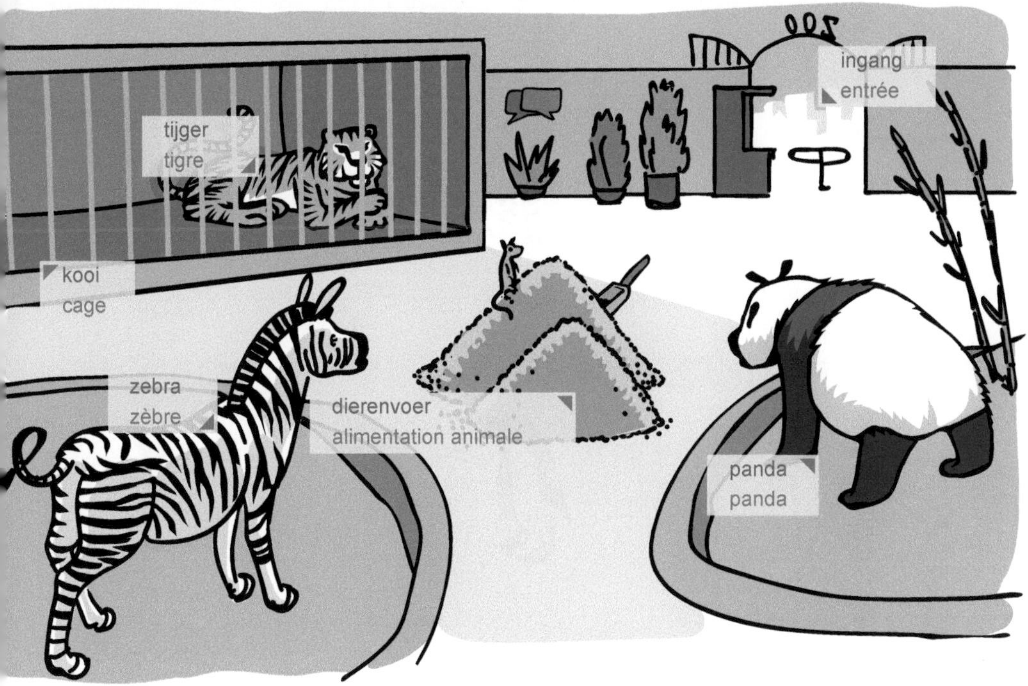

tijger
tigre
ingang
entrée
kooi
cage
zebra
zèbre
dierenvoer
alimentation animale
panda
panda

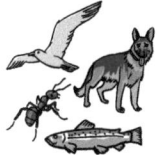

dieren

animaux

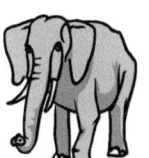

olifant

éléphant

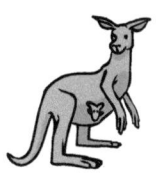

kangoeroe

kangourou

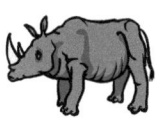

neushoorn

rhinocéros

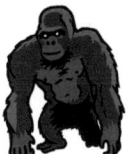

gorilla

gorille

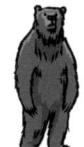

beer

ours

kameel

chameau

struisvogel

autruche

leeuw

lion

aap

singe

flamingo

flamand rose

papegaai

perroquet

ijsbeer

ours polaire

pinguïn

pingouin

haai

requin

pauw

paon

slang

serpent

krokodil

crocodile

dierenverzorger

gardien de zoo

zeehond

phoque

jaguar

jaguar

pony
poney

luipaard
léopard

nijlpaard
hippopotame

giraffe
girafe

adelaar
aigle

wild zwijn
sanglier

vis
poisson

schildpad
tortue

walrus
morse

vos
renard

gazelle
gazelle

American football
american Football

wielrennen
cyclisme

tennis
tennis

basketbal
basket-ball

zwemmen
natation

ijshockey
hockey sur glace

boksen
boxe

voetbal
football

badminton
badminton

atletiek
athlétisme

handbal
handball

skiën
ski

polo
polo

activiteiten
activités

springen
sauter
knuffelen
embrasser
lachen
rire
lopen
marcher
zingen
chanter
dromen
rêver
bidden
prier
kussen
faire la bise

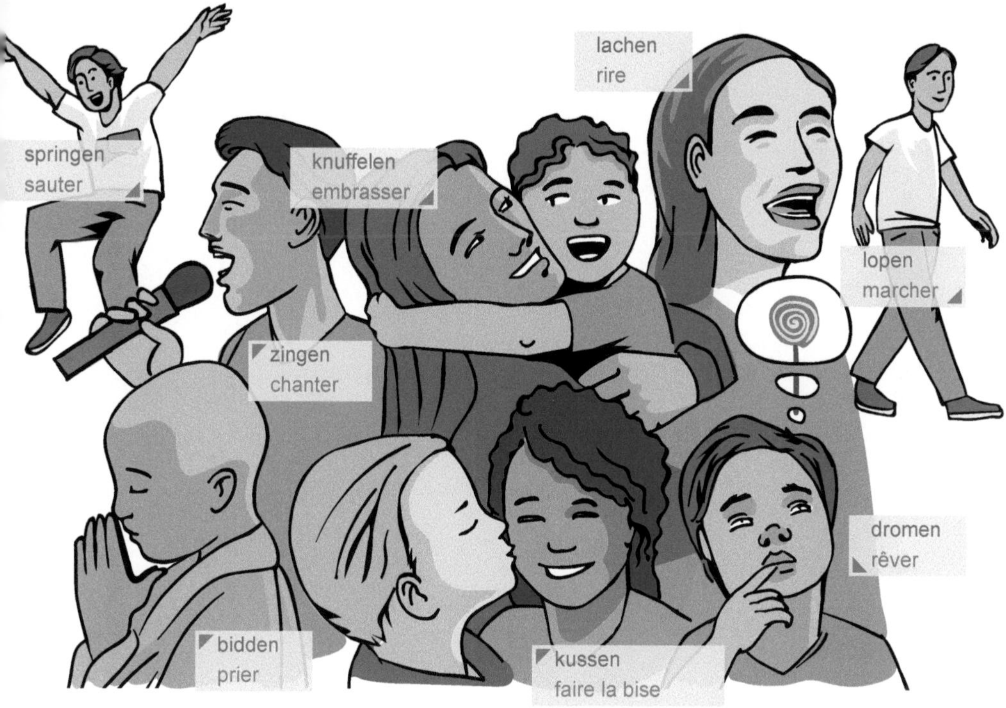

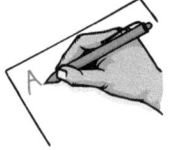

schrijven
écrire

tekenen
dessiner

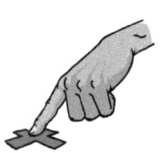

tonen
montrer

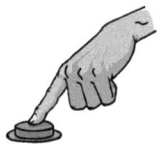

duwen
pousser

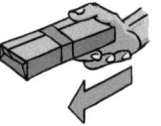

geven
donner

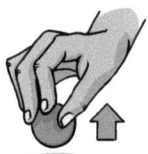

oppakken
prendre

hebben

avoir

doen

faire

zijn

être

staan

être debout

rennen

courir

trekken

trier

gooien

jeter

vallen

tomber

liggen

être couché

wachten

attendre

dragen

porter

zitten

être assis

aankleden

s'habiller

slapen

dormir

wakker worden

se réveiller

activiteiten - activités

bekijken

regarder

huilen

pleurer

strelen

caresser

kammen

peigner

praten

parler

begrijpen

comprendre

vragen

demander

horen

écouter

drinken

boire

eten

manger

opruimen

ranger

houden van

aimer

koken

cuire

rijden

conduire

vliegen

voler

zeilen

faire de la voile

rekenen

calculer

lezen

lire

leren

apprendre

werken

travailler

trouwen

se marier

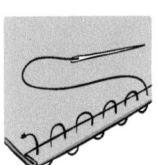

naaien

coudre

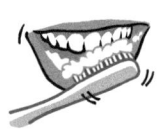

tandenpoetsen

brosser les dents

doden

tuer

roken

fumer

verzenden

envoyer

grootmoeder
grand-mère

grootvader
grand-père

vader
père

moeder
mère

baby
bébé

dochter
fille

zoon
fils

gast

hôte

tante

tante

oom

oncle

broer

frère

zus

sœur

lichaam

corps

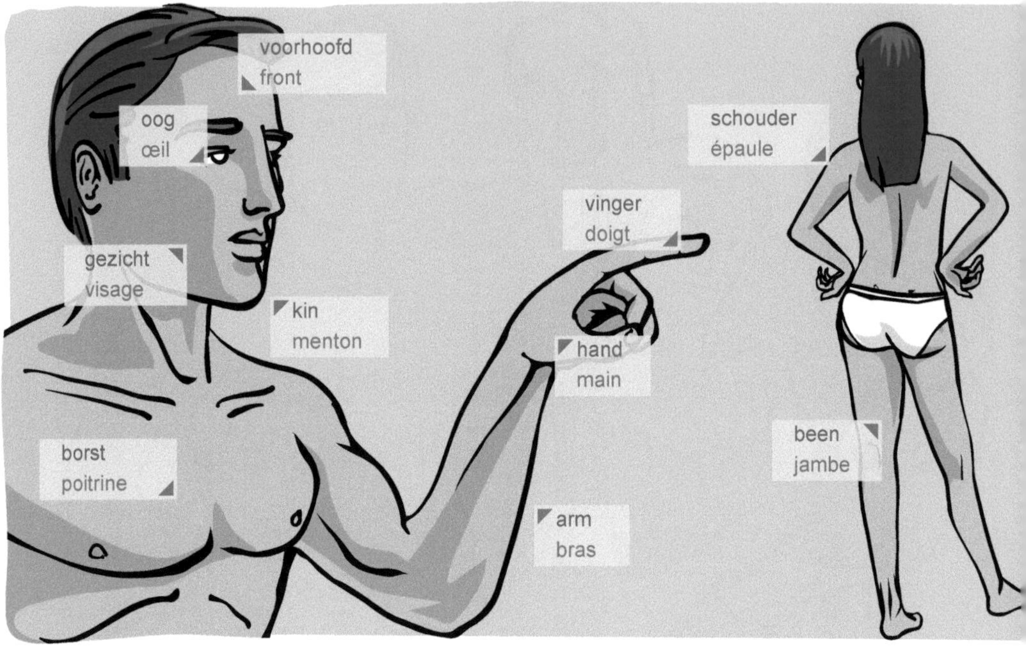

voorhoofd
front

oog
œil

schouder
épaule

vinger
doigt

gezicht
visage

kin
menton

hand
main

borst
poitrine

been
jambe

arm
bras

baby
bébé

man
homme

vrouw
femme

meisje
fille

jongen
garçon

hoofd
tête

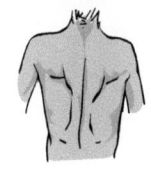

rug
....
dos

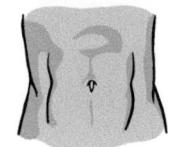

buik
....
ventre

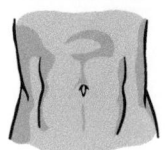

navel
....
nombril

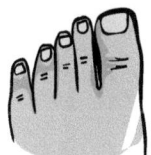

teen
....
orteil

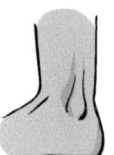

hiel
....
talon

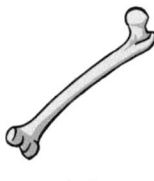

bot
....
os

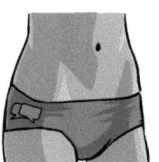

heup
....
hanche

knie
....
genou

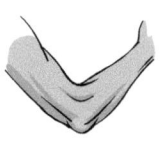

elleboog
....
coude

neus
....
nez

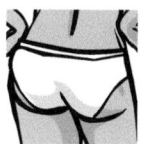

achterwerk
....
fesses

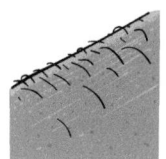

huid
....
peau

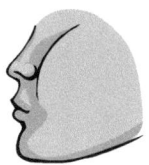

wang
....
joue

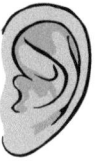

oor
....
oreille

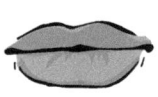

lippen
....
lèvre

mond

bouche

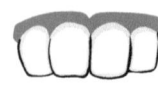

tand

dent

tong

langue

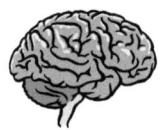

hersenen

cerveau

hart

cœur

spier

muscle

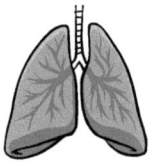

long

poumons

lever

foie

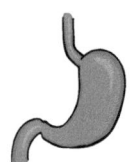

maag

estomac

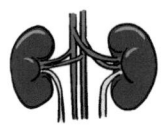

nieren

reins

geslachtsgemeenschap

rapport sexuel

condoom

préservatif

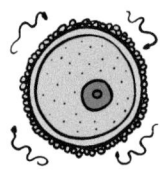

eicel

ovule

sperma

sperme

zwangerschap

grossesse

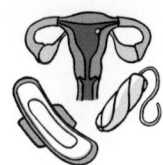

menstruatie

menstruation

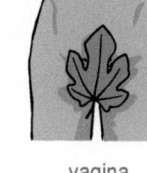

vagina

vagin

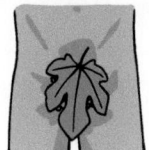

penis

pénis

wenkbrauw

sourcil

haar

cheveux

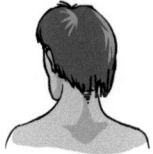

hals

cou

ziekenhuis
hôpital

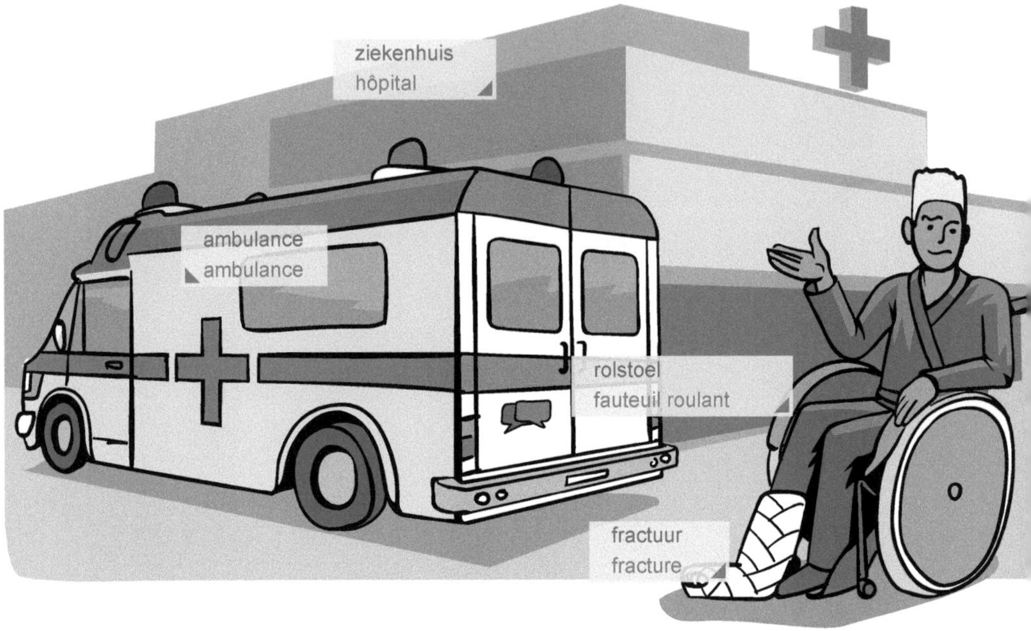

ziekenhuis
hôpital
ambulance
ambulance
rolstoel
fauteuil roulant
fractuur
fracture

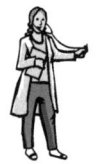

dokter
médecin

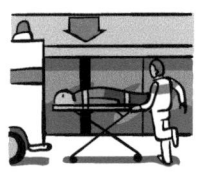

EHBO
service des urgences

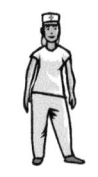

verpleegster
infirmière

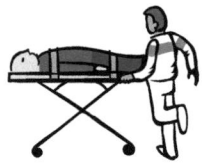

noodgeval
urgence

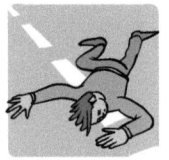

bewusteloos
inconscient

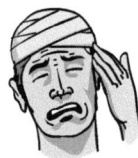

pijn
douleur

verwonding

blessure

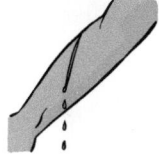

bloeding

hémorragie

hartaanval

crise cardiaque

beroerte

attaque cérébrale

allergie

allergie

hoest

toux

koorts

fièvre

griep

grippe

diarree

diarrhée

hoofdpijn

mal de tête

kanker

cancer

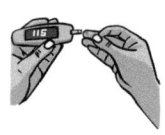

diabetes

diabète

chirurg

chirurgien

scalpel

scalpel

operatie

opération

CT
CT

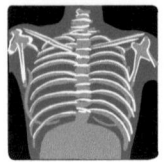

röntgen
radiographie

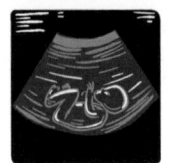

echografie
échographie

gezichtsmasker
masque

ziekte
maladie

wachtkamer
salle d'attente

kruk
béquille

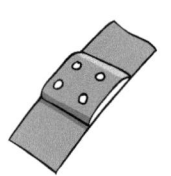

pleister
pansement

verband
pansement

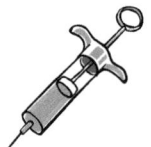

injectie
injection

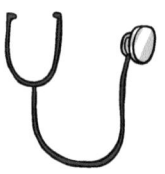

stethoscoop
stéthoscope

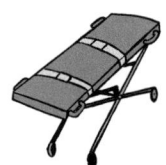

brancard
brancard

thermometer
thermomètre

geboorte
accouchement

overgewicht
surcharge pondérale

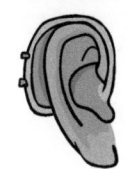

gehoorapparaat

appareil auditif

ontsmettingsmiddel

désinfectant

infectie

infection

virus

virus

HIV / AIDS

VIH / sida

medicijn

médicament

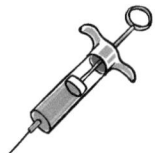

inenting

vaccination

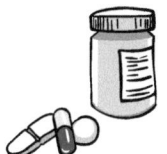

tabletten

comprimés

pil

pilule

alarmnummer

appel d'urgence

bloeddrukmeter

tensiomètre

ziek / gezond

malade / sain

Help!

Au secours !

alarm

alarme

overval

assaut

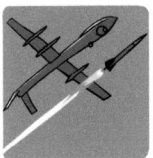

aanval

attaque

gevaar

danger

nooduitgang

sortie de secours

Brand!

Au feu!

brandblusser

extincteur

ongeluk

accident

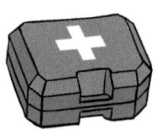

EHBO-koffer

trousse de premier secours

SOS

SOS

politie

police

Europa
....
Europe

Noord-Amerika
....
Amérique du Nord

Zuid-Amerika
....
Amérique du Sud

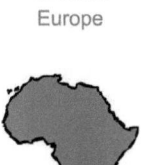

Afrika
....
Afrique

Azië
....
Asie

Australië
....
Australie

Atlantische Oceaan
....
Océan atlantique

Stille Oceaan
....
Océan pacifique

Indische Oceaan
....
Océan indien

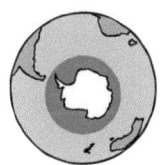

Zuidelijke Oceaan
....
Océan antarctique

Noordelijke IJszee
....
Océan arctique

Noordpool
....
pôle nord

Zuidpool

pôle sud

Antarctica

Antarctique

aarde

terre

land

pays

zee

mer

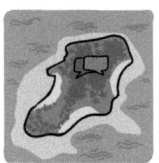

eiland

île

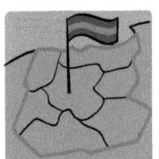

natie

nation

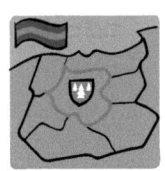

staat

état

wijzerplaat

cadran

uurwijzer

aiguille des heures

minutenwijzer

aiguille des minutes

secondewijzer

aiguille des secondes

Hoe laat is het?

Quelle heure est-il ?

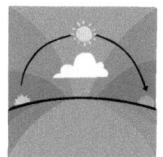

dag

jour

tijd

temps

nu

maintenant

digitaal horloge

montre digitale

minuut

minute

uur

heure

week

semaine

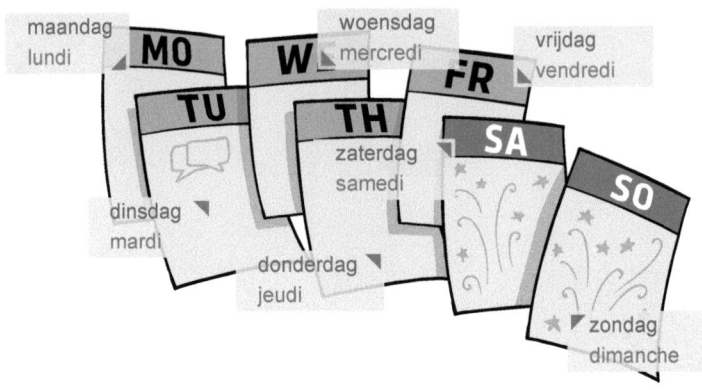

maandag / lundi — **MO**
woensdag / mercredi — **W**
vrijdag / vendredi — **FR**
dinsdag / mardi — **TU**
zaterdag / samedi — **TH**
donderdag / jeudi — **SA**
zondag / dimanche — **SO**

gisteren
hier

vandaag
aujourd'hui

morgen
demain

ochtend
matin

middag
midi

avond
soir

werkdagen
jours ouvrables

weekend
week-end

jaar

année

regen
pluie
regenboog
arc-en-ciel
wind
vent
sneeuw
neige
voorjaar
printemps
zomer
été
herfst
automne
winter
hiver

4.APRIL 11°
5.APRIL 4°
6.APRIL 13°
7.APRIL 8°
8.APRIL 10°

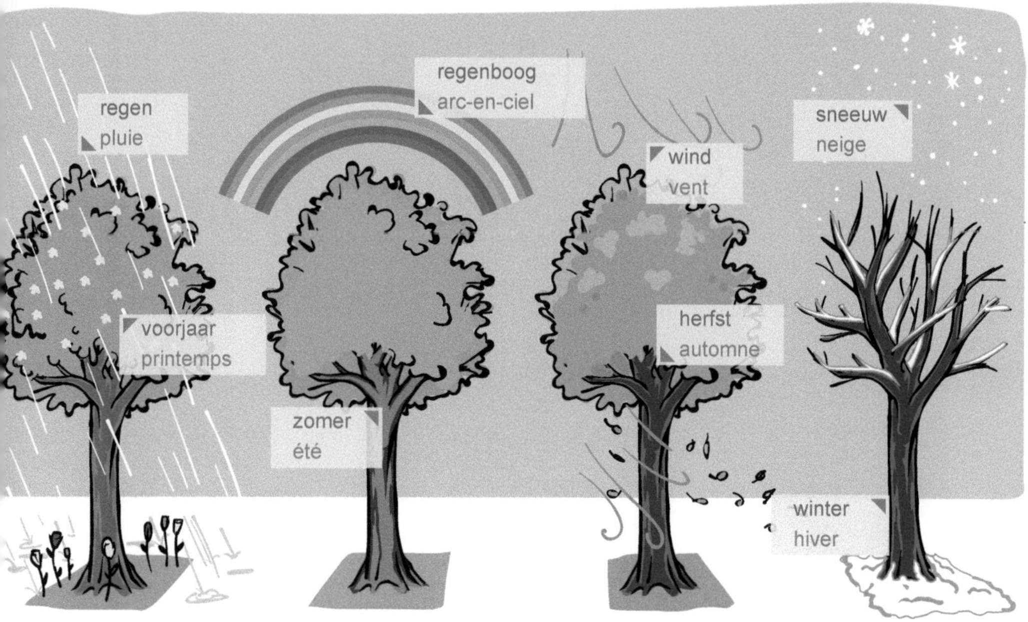

weerbericht

météo

F C
120 40
90 30
60 20
30 10
0 0
-30 -10
-20

thermometer

thermomètre

zonneschijn

lumière du soleil

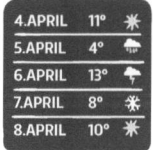

wolk

nuage

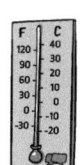

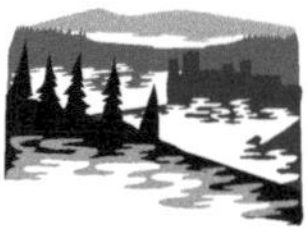

mist

brouillard

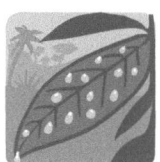

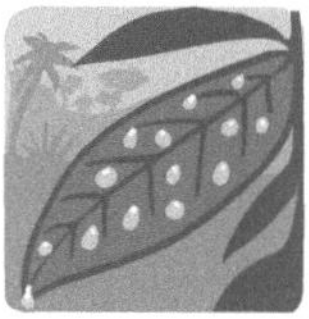

luchtvochtigheid

humidité

bliksem

foudre

donder

tonnerre

storm

tempête

hagel

grêle

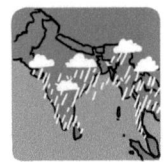

moesson

mousson

overstroming

inondation

ijs

glace

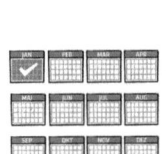

januari

janvier

februari

février

maart

mars

april

avril

mei

mai

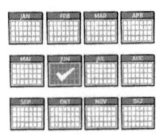

juni

juin

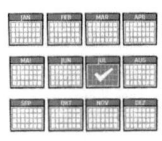

juli

juillet

augustus

août

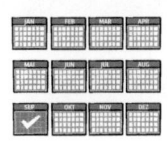

september
septembre

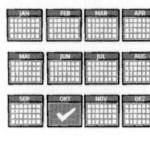

oktober
octobre

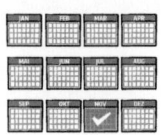

november
novembre

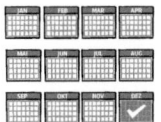

december
décembre

vormen
formes

cirkel
cercle

vierkant
carré

rechthoek
rectangle

driehoek
triangle

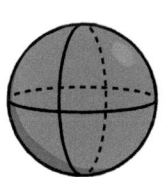

bol
sphère

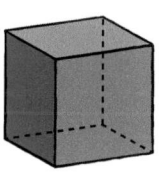

kubus
cube

wit
....
blanc

geel
....
jaune

oranje
....
orange

roze
....
rose

rood
....
rouge

paars
....
violet

blauw
....
bleu

groen
....
vert

bruin
....
marron

grijs
....
gris

zwart
....
noir

veel / weinig

beaucoup / peu

boos / rustig

fâché / calme

mooi / lelijk

joli / laid

begin / einde

début / fin

groot / klein

grand / petit

licht / donker

clair / obscure

broer / zus

frère / soeur

schoon / vies

propre / sale

volledig / onvolledig

complet / incomplet

dag/ nacht

jour / nuit

dood / levend

mort / vivant

breed / smal

large / étroit

eetbaar / oneetbaar

comestible / incomestible

gemeen / aardig

méchant / gentil

opgewonden / verveeld

excité / ennuyé

dik / dun

gros / mince

eerste / laatste

premier / dernier

vriend / vijand

ami / ennemi

vol / leeg

plein / vide

hard / zacht

dur / souple

zwaar / licht

lourd / léger

honger / dorst

faim / soif

ziek / gezond

malade / sain

illegaal / legaal

illégal / légal

intelligent / dom

intelligent / stupide

links / rechts

gauche / droite

dichtbij / ver

proche / loin

nieuw / gebruikt

nouveau / usé

niets / iets

rien / quelque chose

oud / jong

vieux / jeune

aan / uit

marche / arrêt

open / gesloten

ouvert / fermé

zacht / luid

faible / fort

rijk / arm

riche / pauvre

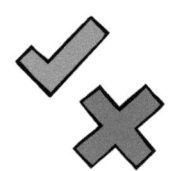

goed / fout

correct / incorrect

ruw / glad

rugueux / lisse

verdrietig / gelukkig

triste / heureux

kort / lang

court / long

langzaam / snel

lent / rapide

nat / droog

mouillé / sec

warm / koel

chaud / froid

oorlog / vrede

guerre / paix

0

nul

zéro

1

één

un / une

2

twee

deux

3

drie

trois

4

vier

quatre

5

vijf

cinq

6

zes

six

7

zeven

sept

8

acht

huit

9

negen

neuf

10

tien

dix

11

elf

onze

12

twaalf

douze

13

dertien

treize

14

veertien

quatorze

15

vijftien

quinze

16

zestien

seize

17

zeventien

dix-sept

18

achttien

dix-huit

19

negentien

dix-neuf

20

twintig

vingt

100

honderd

cent

1.000

duizend

mille

1.000.000

miljoen

million

Engels

anglais

Amerikaans Engels

anglais américain

Chinees Mandarijn

chinois mandarin

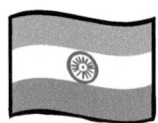

Hindi

hindi

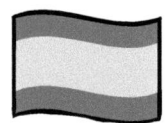

Spaans

espagnol

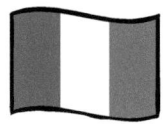

Frans

français

Arabisch

arabe

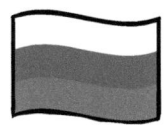

Russisch

russe

Portugees

portugais

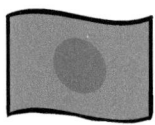

Bengalees

bengali

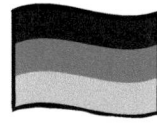

Duits

allemand

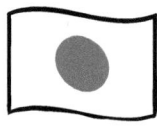

Japans

japonais

ik
....
je

jij
....
tu

hij / zij / het
....
il / elle / ce, c', cela

wij
....
nous

jullie
....
vous

zij
....
ils / elles

wie?
....
Qui ?

wat?
....
Quoi ?

hoe?
....
Comment ?

waar?
....
Où ?

wanneer?
....
Quand ?

naam
....
nom

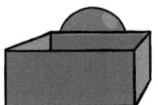

achter

derrière

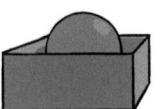

in

dans

voor

devant

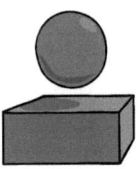

boven

au-dessus

op

sur

onder

en-dessous

naast

à côté de

tussen

entre

plaats

lieu